Randers Historier

Arbejdsløses og Syges møde med et sygt system

Landsforeningen Lediges Vilkår

v/Helle Nielsen

Randers Historier

Arbejdsløses og Syges møde med et sygt system

Forlag: Books on Demand GmbH, København, Danmark
Tryk:: Books on Demand GmbH, Norderstedt, Tyskland

ISBN 978-87-7145-673-8

Indledning

Denne bog er blevet til på grundlag af historier fortalt af borgere i Randers Kommune. De har oprigtigt og ærligt berettet om deres møde med nogle af Randers Kommunes offentlige instanser.

Denne bog er vigtig, fordi den viser, hvordan ledige, kontanthjælpsmodtagere og folk på sygedagpenge bliver behandlet af systemet.

Bogens fortællere beskriver, hvordan de er blevet ydmyget og umyndiggjort i et koldt og beregnende system, hvor fokusset er besparelser til kommunen.

Den viser også, at i mange tilfælde omgår kommunen letsindigt love og paragraffer, når den behandler sager. Men dette kommer ofte ikke frem, fordi en klage kan koste enorme overvindelser fra borgeren. Og overskud til at klage, har den berørte måske ikke.

Der sker det, at når folk gang på gang er blevet fortalt, enten direkte eller indirekte, at det de gør, ikke er godt nok, så tror de logisk nok til sidst på det.

Den ledige begynder at bebrejde sig selv, at han/hun ikke er dygtig nok, klog nok, ihærdig nok til at finde et arbejde. Og så har systemet en borger der, hvor systemet gerne vil have vedkommende. Borgeren er groft sagt blevet til et umælende får, der retter ind uanset hvad.

Men sandheden er jo, at arbejdsmarkedet er helt forkert skruet sammen. Arbejdsgiverne udnytter, at de kan få al den billige arbejdskraft, de peger på.

Derfor bliver de ledige og kontanthjælpsmodtagerne fastholdt i et system, hvor de går fra det ene støttede job til det næste uden af få ordentlig fodfæste på arbejdsmarkedet. Samtidig er de med til at trykke lønnen, og det er selvfølgelig kun en fordel for arbejdsgiverne.

Sygedagpengemodtagere får ikke forlænget deres sygedagpengeperiode men bliver smidt ud og ender på kontanthjælp, hvis de overhovedet kan få det.

Sådan var det indtil for nylig. Men nu kan personer med varige og alvorlige sygdomme få forlænget deres sygedagpenge udover 52 uger. Mens andre mindre syge må nøjes med 26 uger.

Der opstår en urimelig ulighed blandt sygdomsramte borgere, idet nogle syge kan bibeholde en høj forsørgelsesydelse under sygdom efter 52 uger, og andre syge overgår allerede efter 26 uger til en noget lavere kontanthjælpslignende ydelse. Som dog i det mindste ikke er afhængig af ægtefælles indkomst.

Det er helt urimeligt, at de folk der har mindst, er dem som må bøde for de økonomiske skader, som finanskrisen har forvoldt.

Arbejdsgiverne får store skattelettelser men tør alligevel ikke investere deres mange mia. af kr. i produktionsapparatet, som ellers ville kunne generere en masse flere arbejdspladser til gavn for alle de mange ledige dagpengemodtagere og kontanthjælpsmodtagere.

Hvis det danske velfærdssystem skal overleve, er vi nødt til at ændre på disse forhold. Og det gøres ved at folk i større omfang begynder at protestere og råbe magthaverne op!

Mie vil bo i skoven

Mie skriver i en mail til mig, at hun gerne vil være anonym, da hun frygter for at miste den sidste måneds dagpenge. Hun har ramt muren hvad angår stress og er temmelig dårlig og desuden sygemeldt.

Hun er i jobrotation i 4 mdr. som pædagog. Efter 4 uger fik hun en virusinfektion. Hun er nu på 9. uge og kan ikke overskue at træde ind i jobbet, med fare for at reagere meget uhensigtsmæssigt. Gråd eller vrede som hun ikke selv kan kontrollere mere. Især ikke når hun bliver presset, og det er hun flere gange om dagen.

Hun er nu indkaldt til sygesamtale med lederen og har det vældigt dårligt med at indrømme, at hun ikke kan klare jobbet. Hun er bange for, hvad konsekvensen bliver.

Det bedste der kan ske, synes hun, er faktisk at blive afskediget/fritstillet. Nu inden prøvetiden udløber.

Mie fortæller, at dette er en længerevarende tilstand som ledig arbejdssøgende. Af den seriøse slags. Men nu kan hun faktisk ikke fungere i en institution længere.

Hvis hun vil gøre sig håb om at overleve, skal hun ikke arbejde som pædagog, Hun mener, at hun er ingenting værd ift. datter og datterdatter. Hun holder sig væk.

Hun siger, at hun er en af dem i gråzonen, som burde have haft førtidspension for længst. Men hun ville aldrig have kunnet få den, fordi alt for meget peger tilbage på systemets svigt ift. manglende arbejde.

Det er ikke anerkendt, at det er ødelæggende gennem et langt liv. Svaret på at blive rask er ARBEJDE, som der ikke er. Jo, gratis arbejdskraft, fordi nu skal folk i bunden nemlig betale for ledernes fadæser og ansvarsforflygtigelse. Betale med deres liv. MODERNE SLAVERI, tal lige om frihed, siger hun.

Mie mener, at så længe lønmodtagerne presses, som de gør, er man to grupper spillet ud mod hinanden. Hvilket er forståeligt.

Den ene gruppe kan ikke kan anerkende de svages krav om et eksistensgrundlag. Og begge grupper kan samtidig ikke oppebære en økonomi. I perioder eller i længden.

Mie har været ved at undersøge det at bo under åben himmel i skovene i DK. Melde sig helt ud når den tid kommer, hvor hun må give op. Der er et stykke derhen endnu, tror hun.

Umiddelbart synes hun ikke, det er en rar tanke, men måske det kan lade sig gøre at eksistere parallelt? Det bliver ikke let, bestemt ikke, men måske det giver mere mening rent menneskeligt og måske også ro i sjælen? Hun spørger mig, om jeg kender nogen der har været nødsaget til at gøre dette.

Hun siger, hun før har været involveret i kampen mod tvangsaktivering og stået med kassen lukket, fordi hun har nægtet at deltage. Endda med et barn og som enlig forsørger.

Hun er ved at være slidt. Hun tog pædagoguddannelsen, fordi hun ville ud og gøre en forskel. Nu står hun blot med kæmpegæld og et nederlag, fordi hun ikke kan arbejde indenfor faget på de vilkår, der er givet.

På hendes vikariat, hvor hun altså måtte ned og ligge grundet ekstrem dårlig ledelse, var ansat en, som varetog pædagogernes job, for de var usynlige i det daglige. Det var en kvinde, der åbenlyst skulle være førtidspensioneret, men som blev sat til at varetage et job på lige fod med en pædagogmedhjælper, som var på kontanthjælpssats.

Mie tror kommuner og bestyrelser har en aftale med lokale firmaer mm, om hvordan social politikken skal køres, og de "dårlige" ideer har spredt sig med steppebrand.

Hun er meget pessimistisk. Hun har skrevet til bl.a. Lisbeth Zornig, og spurgt hvad intentionen egentlig er, for hun kan ikke se, hvordan et kryds kan flytte noget som helst.

Den såkaldte socialdemokratiske socialminister har sikkert gode intentioner, men de bliver aldrig realiseret, da det koster kassen. Hun mener, at hele korthuset skal væltes og startes forfra. Måske var en borgerløn en god ide. Hun slutter af med at sige, at hun hader systemet!

I praktik i en vuggestue

I Randers Kommune bliver arbejdsduelige kontanthjælpsmodtagere sendt i virksomhedsaktivering fra dag 1. Så der skulle altså findes en ulønnet praktik til mig. Jeg får valget mellem rengøring, hjemmepleje, en dagligvarebutik eller en børnehave.

Normalt fortæller jobkonsulenten den ledige, at der er 50 % chance for at få arbejde efter endt praktik; som en slags gulerod, tror jeg. Men i mit tilfælde er han godt klar over, at det ikke kan betale sig at lyve, så han siger, at der desværre ikke er chance for at få job efterfølgende.

En ny jobkonsulent ringer til mig sidst i maj; nu er der endelig fundet en institution til mig. Hun og jeg mødes i institutionen en tirsdag middag. Vi har møde med lederen. Hun siger, at der er meget brug for mig i vuggestuegruppen; den er blevet beskåret med 15-20 timer. Altså ca. en halv pædagogstilling.

Nogen gange får man nedslag i timeantal som kompensation for, at man jo ikke er ordinært ansat. Men ikke her; jeg skal arbejde 37 timer om ugen. Men timerne vil blive lagt sådan, at jeg kan have en eftermiddag fri om ugen til tandlægebesøg, lægebesøg eller andet, sige lederen.

Det er så nok her, at jeg skal føle mig taknemmelig, Men jeg stirrer bare på hende, og hun ser velvilligt tilbage med dollartegn i øjnene, synes jeg. Endelig lidt tiltrængt ekstra gratis arbejdskraft! Men måske er det bare mig, der er lidt uretfærdig.

Nu vil jobkonsulenten også give sit besyv med, så hun siger, at jeg jo skal huske, at jeg også skal søge arbejde og i det hele taget stå til rådighed for arbejdsmarkedet, mens jeg er i praktik. "Hvordan kunne jeg dog glemme det?" Jeg har lyst til at være ironisk.

To dage efter tropper jeg op i vuggestuegruppen. På cykelturen derud har jeg funderet over min arbejdssituation og konkluderer, at jeg i hvert fald ikke vil løbe med tungen ude af halsen og få stress til en timeløn på 65 kr. i timen. Hvilket er en kontanthjælp omregnet til 37 timer. Men deres forventninger til mig er af en helt anden kaliber, finder jeg senere ud af.

Der har åbenbart været nogle misforståelser omkring hvem, som skulle gøre hvad i forhold til mit første fremmøde. Jeg får i hvert fald ingen rundvisning eller introduktion til at starte med. Jeg får børnenes navne fortalt af pædagogen på stuen, og jeg får også at vide, at jeg bare skal spørge, hvis der ellers er noget, jeg er i tvivl om.

Jeg dalrer lidt rundt med intentionerne om, at jeg ikke gør noget, før de fortæller mig, hvad der helt konkret forventes af mig.

Pludselig bliver jeg kaldt ind på den stue, hvor alle børnene og de to pædagoger spiser formiddagsmad. Jeg kan høre på pædagogens stemme, at hun er lettere irriteret.

Senere kommer hun hen til mig og siger, at de altså forventer, at jeg er lidt mere aktiv m. h. t. de opgaver, der er i gruppen. Det fører så endelig til en diskussion omkring deres forventninger til mig og mine forventninger til dem.

Hun siger, at de selvfølgelig godt ved, at jeg er ansat udover normeringen, men at de forventer, at jeg indgår som en del af normeringen.

Altså skal jeg arbejde på lige fod med dem. Dette er i øvrigt ikke lov-ligt!

Ok, så fik vi endelig den sat på plads. Jeg bliver nu meget vred, kan jeg mærke! Mit hjerte hamrer, og jeg bliver varm i kinderne.

Jeg siger, at det er en urimelig arbejdssituation, jeg befinder mig i. Jeg skal arbejde for 65 kr. i timen. Jeg optjener ikke feriepenge og dagpenge. Jeg må ikke holde sommerferie, da man som kontant-hjælpsmodtager ikke må holde fri de første 12 mdr. Og i øvrigt er der ikke chancer for fastansættelse. Og min arbejdsuge bliver langt over 37 timer, da jeg også skal skrive og sende ansøgninger.

Det giver hun mig fuldstændig ret i, men jeg må jo også tænke på deres arbejdssituation. De har meget travlt i gruppen. Der er en nor-mering på 7 børn pr. pædagog. Fagforeningen BUPL anbefaler 3 børn pr. pædagog, så her er der altså tale om over dobbelt så mange børn til hver pædagog.

Jeg skal nu også forholde mig til, at personalet også har det svært, det synes jeg bestemt ikke er nemt! Jeg spørger hende, hvorfor de finder sig i det, og at jeg jo er en form for løntrykker. Hun siger til mig, at hun ikke vil diskutere politik, og så er den diskussion ligesom luk-ket.

Senere på dagen kommer hun dog hen og undskylder og siger, at hun er ked af, at vi har fået en dårlig start. Jeg har dog nu lukket helt af. Jeg kan mærke en kæmpe klump i halsen og er bange for at åbne munden for meget, for så vil tårerne flyde over.

Det gør de dog så endelig, da jeg cykler hjem, for jeg føler, at min situation er så ydmygende og nedværdigende. Næste morgen har jeg det lige så slemt som dagen i forvejen og beslutter at sygemelde mig.

Praktikken bliver afbrudt. Jeg foreslår min jobkonsulent i en mail, at de kan ansætte mig i institutionen i 20 timer om ugen på ordinære vilkår d. v. s. til overenskomstmæssig løn og optjening af dagpenge. Det vil svare til en kontanthjælpssats og således ikke blive dyrere for kommunen. Jeg håber, at han vil hjælpe mig med det.

Jeg fik ingen svar, så svaret ville givet vis have været negativt. For selv om det ikke ville blive dyrere for kommunen, så er det højst sandsynligt forskellige kasser pengene skal tages fra, og så kan det ikke lade sig gøre. Sådan et system er nemlig ikke særlig fleksibelt. Men hvor ville det dog være skønt, hvis man fik et "rigtigt" arbejde igen, det ville være en lettelse ud over alle grænser!

Forfulgt

Jan ringer en aften til mig. Han er en af LLV`s medlemmer her i kommunen. Jan er arbejdsløs og på dagpenge.

Jan har et problem, og han vil høre, om jeg er bekendt med, om andre af vores medlemmer har lignende problemer. Da han har haft ringet før for måneder tilbage, kan jeg næsten gætte mig til, hvad hans problem er.

Han siger, at han bliver forhindret i at søge arbejde. Jeg spørger, hvem som forhindrer ham i det. Det ved han imidlertid ikke.

Men nogen følger efter ham, når han eksempelvis skal ud og søge job. Nogen lægger hindringer i vejen, når han skal til jobsamtaler.

Umiddelbart lyder det usandsynligt, at nogle ukendte mennesker skulle forhindre Jan i at få et arbejde.

Men sandhedsværdien i den her historie er imidlertid mindre væsentlig. Hændelserne, som Jan opfatter dem, er virkelige nok.

Og sådan opleves det for rigtig mange ledige. De føler sig forfulgt af systemet fra de står op om morgen, til de går i seng om aftenen.

De ledige er pressede; samfundet forlanger, at de skal stå rådighed, hvis der nu skulle dukke et job op.

I mange tilfælde er det kun en illusion. Men hvis vi slipper illusionen om alle de jobs, der bare ligger derude og venter, så er vi også nødt til at revurdere vores syn på arbejdsmarkedet og de ledige.

Men tilbage til Jan. Jeg kan sagtens sætte mig ind i hans situation og hans bekymringer. For sådan føles det vitterligt at være en af de mange, som er sat udenfor arbejdsmarkedet.

Jeg er rasende og skuffet

Jeg er simpelthen så rasende, skuffet og føler mig virkelig dybt til grin.

Jeg er i arbejdsprøvning og har absolut ikke det bedste samarbejde med min jobkonsulent. Hun er sløset, flabet, er uforberedt til møder, blander rundt i navne og diagnoser osv. osv.

Nå, men der skulle så være opfølgningsmøde kl. 10 i dag i virksomheden. Min sag skal tages op på mandag, så det er altså lige op over.

Hun kommer så IKKE til mødet. Hun ringer til mig kl. 13.40 og får fat i min telefonsvarer og siger, at hun har glemt det, og at jeg skal møde op på virksomheden i morgen til et nyt møde.

Hun ved udmærket godt, at jeg har fri om fredagen, og at chefen ikke vil have møder eller noget som helst om fredagen, da det er der, der skal samles op på det hele. Det sidste skal pakkes og være ude af huset inden kl. 12. Hvilket han HAR fortalt hende.

Da jeg har hørt beskeden på telefonsvareren, ringer jeg til virksomheden for at høre ham. Han siger så, at hun har haft ringet til ham. Hun var helt rundt på gulvet og beklagede mange gange, og han fik så af samme smøre med, at vi skulle have et møde fredag, da min sag jo skulle tages op mandag.

Han siger så til hende, at hun udmærket er klar over, at der ikke bliver nogen møder om fredagen. Hun fatter så intet og bliver ved med at sige "jamen er Birgitte der ikke i morgen? Jamen så må hun jo komme, for hun står jo til rådighed for arbejdsmarkedet, så hun SKAL komme."

Det er så 2. gang, hun har sagt til chefen, at jeg bare måtte komme på det tidspunkt, fordi jeg skulle stå til rådighed for arbejdsmarkedet.

Afslutningsvis siger han så "jamen så må DU jo komme her mandag morgen, men du er godt klar over, at Birgitte først møder kl. 9, ikke?"

Og så startede lavinen igen med rådigheds-haløjet. Og så skulle det lige pludselig være kl. 8! Men han siger så til hende, at han nok skulle ringe til mig og høre, om jeg KUNNE møde en time før bare den dag.

Magen til frækhed; jeg fatter ikke, hvordan sådan et kvindemenneske kan bestride sådan en stilling!!! Og det mest skræmmende er sgu, at HUN sådan set kan få læsset til at tippe vedr. min sagsbehandling.

En sagsbehandler har absolut INGEN grundlovssikret ret til at misse nogen møder. (Altså hvis du spørger mig.) Tænk hvis det var mig, der havde misset et møde. Jøsses Mille et ramaskrig, der så ville blive.

Nå, men undskyld det blev liiiidt laaangt. Jeg havde lige brug for at rase lidt ud….

Måske er det bare mig, der er sart. Men fuck, hvor jeg følte mig som et nul, da jeg pænt sad sammen med chefen og ventede på hende og hun så ikke kom!

Underbetalt arbejdskraft

53-årige Hanne, fortæller at hun er blevet brugt som underbetalt arbejdskraft af Randers Kommune. Hun har i 2 år været i aktivering 37 timer om ugen på kommunale arbejdspladser og uden ret til optjening af dagpenge.

Hanne har i den grad hjulpet Randers Kommune ved at tilbyde sin arbejdskraft til en løn langt under, hvad hun kunne have fået i en ordinær stilling til overenskomstmæssig løn. Og så er takken, at hun efter to år bliver smidt ud af dagpengesystemet og uden ret til kontanthjælp, da hun har hus og er gift.

Hun mener, at hun har stor del i, at institutionerne, trods store besparelser, alligevel har fået det til at løbe rundt. Hun har dækket ind, når der har manglet hænder. Trods det at det er helt ulovligt; folk i løntilskudsjob er udover normeringen!

Afdelingslederen på jobcenteret siger, at de ledige skal opøve deres færdigheder for at få fodfæste på arbejdsmarkedet igen. I Hannes tilfælde, så er færdighederne opøvet gennem to år; hvor mange år skal det dog tage?

Når hun har opøvet færdigheder et sted, så tilbydes hun løntilskudsjob et nyt sted. Det lyder som skruen uden ende.

Afdelingslederen siger ligeledes, at ledige som arbejder på kommunale arbejdspladser har med opgaver at gøre, som ligger udover det serviceniveau, som arbejdspladsen yder; altså de er ud over normeringen.

Hun skulle jo nok træde ud på virkelighedens arbejdspladser, så ville hun, ligesom Hanne erfare, at det fænomen er "en by i Rusland."

Det er klart, at der findes personer, der har sociale- faglige eller sproglige problemer, og som derfor har brug for den hjælp, som en praktik eller løntilskudsstilling vil være.

Det er ligeså klart, at for størstedelen af de arbejdsløse, de personer med lang arbejdserfaring og "up to date" uddannelse/viden er det en ydmygelse og straf, at blive tvunget til at arbejde uden normal overenskomstmæssig løn og ret til at optjene dagpenge.

Sidstnævnte gruppe klientgøres og stigmatiseres af den behandling de får i Jobcenter Randers. Men det er desværre kommunens politik fordi, de får kun de store refusioner = penge i kasse, for de personer som sendes i gratis praktik eller anbringes i løntilskud.

I følge loven er disse foranstaltninger til personer, der MANGLER faglige, sociale eller sproglige kompetencer for at kunne passe et normalt arbejde.

Disse "træningsjobs" må ikke erstatte ordinære stilling. Der er dog ingen tvivl om, at mange daginstitutioner efter massive nedskæringer og intet vikarbudget, kun klarer sig via løntilskudsjobs.

Ligeledes er mangen en lagerarbejder/medhjælper i dagligvarer butikkerne erstattet af gratis erhvervspraktikanter.

Det er vores klare opfattelse, at Jobcentret har fået overbevist arbejdsgiverne om, at de tager et socialt ansvar ved at ansætte en ledig eller kontanthjælpsmodtager i en ulønnet praktik.

Spg. til Randers Byråd om virksomhedsaktivering

Landsforeningen Ledige Vilkår v/Helle Nielsen og Lise Baastrup har i mail af 9. december 2013 fremsendt følgende:

"Ud fra notat fremlagt i Arbejdsmarkedsudvalg d. 3/12-13: "Konsekvenserne af Beboerlistens forslag om begrænsning af løntilskud og virksomhedspraktik"

Forslaget er fremlagt af Beboerlisten i byrådet d 28/10-13 men blev forkastet. Man har herefter behandlet det i Arbejdsmarkedsudvalget. Her skønnes, at det vil have for store omkostninger, være en barriere for virksomhedstilbud med et mere socialt sigte, og der er usikkerhed om, hvorvidt det vil skabe flere ordinære jobs.

Spg. 1: Hvordan vil Byrådet forklare, at jobcentret og arbejdsstederne handler i modstrid med lov og bekendtgørelser - *"Det er overordentligt vanskelig at svare på, om begrænsningerne i antallet af personer i løntilskud og praktik vil medføre merbeskæftigelse på virksomhederne – altså ud fra den betragtning at virksomhederne benytter de aktiverede som billig arbejdskraft. Det er muligt, at de aktiverede yder en indsats, der ellers kunne være dækket af ordinær arbejdskraft." "Det kan heller ikke udelukkes, at nogle virksomheder får dækket et behov for arbejdskraft gennem løntilskud"* – idet Regler om Merbeskæftigelse (bekendtgørelse om aktiv beskæftigelsesindsats nr- 743) siger:

§ 64. Ansættelse med løntilskud af personer, der er omfattet af § 1, nr. 1-3 og 5, skal medføre en nettoudvidelse af antallet af ansatte hos vedkommende arbejdsgiver.

Spg. 2: Hvordan vil byrådet forklare, at man ikke differentierer mellem kontanthjælpsgruppe 1, som er arbejdsmarkeds-parate kontanthjælpsmodtagere uden problemer, og kontanthjælpsgruppe 2 som er kontanthjælpsmodtagere med konkrete problemstillinger eks. psykiske vanskeligheder i henholdt til Moderniseringsstyrelsen vejledning:

"Virksomhedspraktik er rettet mod personer, som på grund af mangelfulde faglige, sproglige eller sociale kompetencer har vanskeligheder ved at opnå beskæftigelse på ordinære vilkår. Virksomhedspraktik kan anvendes både for ledige og for personer med nedsat arbejdsevne."

LLV er af den opfattelse, at virksomhedspraktik og løntilskudsstillinger skal være en hjælp til at få kontanthjælpsmodtager gruppe 2 og dagpengemodtagere med manglende sociale, faglige og/eller sproglige kompetencer gjort arbejdsmarkeds parate. Kontanthjælpsmodtagere gruppe 1 og dagpengemodtagere med normale kompetencer er jo netop defineret ved, at de ER arbejdsmarkedsparate, og som sådan falder de udenfor målgruppe.

2.1: Hvordan vil Byrådet forklare at ledige og kontanthjælpsmodtagere, der ER arbejdsmarkeds parate bliver sendt ud i virksomhedspraktik, hvor reglerne igen ikke overholdes i forhold til Moderniseringsstyrelsens vejledning:

"8.3.4.3. Særlige bestemmelser. Virksomhedspraktik må ikke anvendes til at løse kortvarige sæsonprægede arbejdsopgaver i en institution, og virksomhedspraktik må ikke etableres alene med det formål, at praktikanten skal erstatte en ordinær ansat på grund af besparelser, barselsorlov eller andet."

Det er LLV`s erfaring, at med de store forringelser der er foretaget på pleje- og omsorgsområdet, samt daginstitutionsområdet i Randers Kommune, bl.a. er der dobbelt så mange børn pr. pædagog som anbefalet af BUPL, så er det umuligt for de ledige og kontanthjælpsmodtagerne at undslå sig for at indgå i normeringen, når de bliver sendt ud i tilskudsjob. Vi har kendskab til mindst et arbejdssted, hvor kontanthjælpsmodtageren direkte blev bedt om at indgå i normeringen.

Kilde:

http://nemweb.randers.dk/NemAgenda/DocumentView.aspx?document_id=1746415

Svar på spørgsmål

Vedrørende: Spørgsmål til den åbne spørgetid

Sagsnavn: Landsforeningen for Lediges vilkår stiller spørgsmål til den åbne spørgetid den 16. december 2013.

Sagsnummer: 00.01.00-G01-72-13

Skrevet af: Morten Fich

E-mail: morten.fich@randers.dk

Forvaltning: Byrådssekretariatet

Dato: 12-12-2013

Sendes til: Byrådet

Svar på Landsforeningen Lediges Vilkårs spørgsmål til byrådsmøde d. 16. december 2013.

Landsforeningen Lediges Vilkår har ved Helle Nielsen og Lise Baastrup stillet spørgsmålet til byrådet om jobcentrets brug af praktik- og løntilskud i beskæftigelsesindsatsen. Der henvises i spørgsmålene til byrådets behandling af Beboerlistens forslag om begrænsning af brugen af løntilskud og virksomhedspraktik 28. oktober 2013.

Som svar på spørgsmålene kan det oplyses, at Randers Kommune har indgået et aftalesæt med arbejdsmarkedets parter om brugen af virksomhedspraktik og løntilskud såvel på det offentlige som det private arbejdsmarked.

På det offentlige område er der nedsat et fællesudvalg og 6 arbejdsgrupper med repræsentanter for arbejdsmarkedets parter. Arbejdsgrupperne og fællesudvalget skal godkende jobindholdet af hver enkelt plads på det offentlige område inden den må besættes af en ledig.

Der er tilsvarende en procedure for det private arbejdsmarked, hvor arbejdsgiveren, jobcentret og tillidsmand / den overenskomstbærende organisation skriver under på, hvad formålet med løntilskudspladsen eller virksomhedspraktikken er.

At virksomhedsrettet aktivering således sker i overensstemmelse med aftalen med arbejdsmarkedets parter. Aktiveringen sker naturligvis i overensstemmelse med lovgivningen.

Der spørges i spørgsmål 2 til, hvorfor der i indsatsen i forbindelse med virksomhedspraktikken ikke skelnes mellem kontanthjælpsmodtagere i matchgruppe 1 - arbejdsmarkedsparate og matchgruppe 2 ikke-arbejdsmarkedsparate, det vil sige ledige med andre problemer end ledighed.

Randers Kommunes indsats for arbejdsmarkedsparate kontanthjælpsmodtagere og forsikrede ledige ligger i én afdeling – Formidlingsafdelingen, og indsatsen for ikke arbejdsmarkedsparate ligger i Aktiv Indsats. Denne opdeling er netop fordi, der skelnes mellem de to grupper.

Tilbud om virksomhedspraktik gives med henblik på at afdække eller optræne personens faglige, sociale eller sproglige kompetencer samt at afklare beskæftigelsesmål.

Til sidst spørges: "Hvordan vil Byrådet forklare, at ledige og kontanthjælpsmodtagere, der ER arbejdsmarkeds parate bliver sendt ud i virksomhedspraktik, hvor reglerne igen ikke overholdes i forhold til Moderniseringsstyrelsens vejledning.

Arbejdsmarkedsparate ledige kan få aktivering i virksomhedspraktik, hvis de for eksempel ønsker en afklaring af beskæftigelsesmålet. Det kan være aktuelt, hvis den ledige ønsker at afprøve mulighederne i en anden branche, end den vedkommende tidligere har været beskæftiget i.

For ikke-arbejdsmarkedsparate kan tilbuddet gives som led i en indsats, der skal bringe den ledige tættere på arbejdsmarkedet. Det kan for eksempel være en person, der har et misbrugsproblem, og hvor indsatsen har bestået i et afvænningsforløb som følges op af virksomhedspraktik med det formål, at den ledige får opbygget en struktureret hverdag, og hvor den ledige lærer at begå sig på en arbejdsplads.

I begge tilfælde får den ledige virksomhedspraktik efter lov om en aktiv beskæftigelsesindsats kapitel 11.

Vi i Landsforeningen Lediges Vilkår mener ikke, at byrådet har svaret fyldestgørende på spørgsmålene. Og det står stadig uklart, hvordan byrådet, når de nu indrømmer, at de ledige muligvis indgår i normeringen, alligevel påstår, at der ikke handles ulovligt.

Ledige skal i ordinært arbejde ikke i ulønnede praktikker

Henrik er på kontanthjælp og har været i flere virksomhedsaktiveringer. Hele sommeren 2013 gik han og passede Bauhaus` sommerplanter til en timeløn på 65 kr.

Dejligt for Bauhaus, at de helt gratis fik vandet og gødet deres sommerblomster. Men ikke så rentabelt for Henrik, som arbejder gratis og ikke optjener hverken feriepenge eller dagpenge.

Nu er han så blevet ansat i endnu en ulønnet praktik; han går og passer nogle grønne områder for kommunen. Han har, når huslejen er betalt, 3000 kr. tilbage af sin kontanthjælp til alle øvrige udgifter og mad. Men det slår ikke til; et par gange om ugen tager han hjem til sine forældre og spiser.

Henrik er +50 år og har på nuværende tidspunkt udsigt til skulle arbejde på denne måde, indtil han skal pensioneres. Han ved udmærket godt at med hans alder taget i betragtning, så hænger jobbene ikke på træerne.

Randers Kommune har ca. 17.000 borgere på offentlig forsørgelse. Her er alt regnet med: Ledige dagpengemodtagere, folk på barsel, førtidspension, efterløn, kontanthjælp el. sygedagpenge. Heraf næsten 2700 i støttet beskæftigelse.

Umiddelbart skulle man tro, at det ville være et økonomisk gode, hvis kommunen kunne reducere i dette antal. Men det behøves ikke at være tilfældet. For hvis færre er på overførselsindkomster får kommunen mindre i refusion fra staten.

Kommunens incitament til at få ledige og kontanthjælpsmodtagere i arbejde er måske derfor heller ikke synderlig stor.

Fra hus og hjem

Flemming er flyttet ud i en skurvogn i sin baghave. Han er for nogen tid siden faldet ud af dagpengesystemet. Jeg møder ham et par dage før nytårsaften 2013.

Jeg spørger ham, hvorfor han bor i skurvognen og ikke i huset. Han fortæller, at han ikke kan få kontanthjælp, fordi der er for høj friværdi og ingen gæld i huset. Så hvis han skal have kontanthjælp, skal han have huset solgt først.

Jeg spørger igen, hvad han så lever af. Han fortæller, at han nu lejer huset ud og lever af den indtægt, han får der fra.

Til mit spørgsmål om det ikke er koldt at bo der, svarer han, at han sagtens kan holde varmen, med de varmekilder han har i vognen på nuværende tidspunkt. Og endnu har det jo ikke været hård frost!

Flemming er færdig med fagforeninger; ønsker ikke længere medlemskab. Og socialdemokratiet får i hvert fald heller ikke hans stemme!

Der er næsten tyve år til, at han kan gå på pension. Men hvis han ikke får noget arbejde, vil han leve af lejeindtægterne fra hans hus. Flemming vil ikke ind i systemet igen og være nødsaget til at skulle leve af samfundets almisser.

Vi joker lidt med, at til næste år skal der opføres en hel skurvognsby til alle de mennesker, der falder ud af dagpengesystemet eller bliver ramt af den nye kontanthjælpsreform. Her kan de så bo, når de bliver sat på gaden, fordi de ikke kan betale deres husleje.

Brev fra Randers til Landsforeningen Lediges vilkår

Jeg ved ikke, hvor store beføjelser I har i forhold til nedenstående:

Vi er ca. 60 pædagoger og sosu-ass., som mere eller mindre frivilligt har indvilliget i at indgå i Jobcenter Randers og Randers Kommunes: Projekt SkanKomp. Det faste personale indenfor specielområder skal på jobrotation/8 ugers opkvalificering/uddannelse.

Projektet medfører, at vi ledige, bliver ansat af Randers Kommune i ca. 26 uger med løntilskud. Vi ledige er på 5 ugers kursus, inklusive 2 ugers virksomhedspraktik i de institutioner, vi har fået anvist.

Formålet har ifølge Jobcentret PRIMÆRT det formål, at vi ledige skal komme i fast job. (?) Det skal nævnes, at jeg er meget tilfreds med mit praktiksted og egentligt glæder mig til at komme i gang og få noget mere praktisk pædagogisk erfaring indenfor et område, jeg brænder for at arbejde fremtidsrettet indenfor (socialt udsatte.)

Jeg har tidligere arbejdet som sygehjælper indenfor voksenområdet, indtil jeg læste til pædagog og blev færdig i 1996. Har arbejdet som pædagog, afdelingsleder og leder indenfor Børn og Ungeområdet, indtil jeg gik ned med stress og udbrændthed i 2009 og efterfølgende blev afskediget i oktober 2010.

Men: Vi ledige har holdt flere møder på VIA og mange af os har kontaktet vores fagforbund i frustration over den måde Projektet er blevet præsenteret for os på. Jeg har forsøgt at sætte mig ind i Beskæftigelsesministeriets love og bekendtgørelser om aktivering af ledige, men finder reglerne meget svære at forstå.

Projektet må vel siges at være nogenlunde afgiftsneutralt for kommunen, da de modtager refusion fra en eller anden EU-pulje.

Vi har haft Jobcentret og en repræsentant fra FOA til at komme og fortælle os om reglerne, men det lyder ikke til, at vi bliver mødt med respekt og ligeværdighed. "Så kan I jo bare gå ud og finde jer et arbejde", var meldingen, hvis vi ikke ville indgå i projektet. (Jeg har søgt over 225 stillinger fra Skagen til Tønder og arbejder som frivillig for at opkvalificere mig. (Har selv foranlediget 2x6 ugers uddannelsesforløb i min ledighedsperiode + at jeg selv financier og bliver trukket i mine dagpenge i mit studie til psykoterapeut.) Endvidere ville vi blive idømt karantæne, hvis vi ikke ville indgå på nedenstående betingelser. Vores frustrationer består i:

- at vores dagpengeperiode ikke står på standby i den periode, vi er ansat i Randers Kommune (vi tærer stadig af vores periode og mange af os falder for 2 års reglen i år, hvis ikke vi får den forlænget i et halvt år.) Vi overgår altså direkte til kontanthjælp.

- at vi skal arbejde i 37 timer og stadig være aktivt jobsøgende (dvs. at vi oven i jobbet skal bruge 4-8 (?) timer om ugen på jobsøgning. Har vi krav på eller ret til fri, når vi skal til jobsamtale. Eller skal vi selv betale det? Vi skal endvidere komme til alle møder på Jobcenter og i a-kassen.

- at vi indgår fuldt ud i normeringen. Altså indgår i arbejdet med det fulde pædagogiske ansvar, på lige fod med de øvrige fastansatte. Men på dagpengesats.

- at vi ikke har mulighed for at tage deltidsarbejde (hvornår skal vi få tid til det?) uden der sker reduktion i dagpengene/lønnen. Nogen har brug for pengene.

Det undrer os i øvrigt, at et tilsvarende projekt i Randers Kommune indenfor FOA-området, som snart starter op, giver deres medlemmer fuld overenskomstmæssig løn (?) Hvordan kan det lade sig gøre? Måske jeg skulle søge som sygehjælper i stedet for pædagog.

Vi er blevet opfordret til at sende skrivelser til socialchefen, medierne mv., men ingen af os har lyst til eller vi er bange for at blive yderligere stigmatiserede i forhold til borgerne og evt. kommende arbejdsgivere, hvis vi står frem med navn osv. Jeg forventer derfor at I holder mit navn udenfor debat eller i hvert fald kontakter mig først.

Mine med-ledige og jeg håber derfor, at det er et emne, I har lyst til at tage op eller undersøge nærmere.

På forhånd tak! På vegne af ledige på Projekt SkanKomp.

Referatet af møde med rotationsvikarerne

Tirsdag d. 26. juni samledes ca. halvdelen, 30 personer, af deltagerne i det såkaldte rotationsprojekt. SkanKomp. Dette er referatet fra mødet. På mødet var en udbredt stemning af frustration og fortvivlelse over projektet, som er forsøgt opsummeret i nogle punkter:

1. Rekruttering til projektet. En del giver udtryk for, at dette ikke er et tilbud, men noget man IKKE har lov til at sige nej til. Til et intromøde fik man at vide, at hvis man sagde nej "kunne man bare selv finde et andet arbejde." Andre at de i stedet straks ville blive sendt i et andet løntilskudsjob med ringere arbejdsindhold. En enkelt bliver tilbudt valget mellem dette projekt eller et 6 ugers ordblindekursus (personen er IKKE ordblind.) Flere deltagere er blevet ringet op af jobcentret og har fået påbud om at deltage i projektet.

2. Vikararbejde for en fastansat, men med løntilskud på dagpengesats. Generelt er det helt uforståeligt, at man skal udfylde en normeret fast stilling, men som betaling kun får dagpenge.

Mange groteske eksempler kom på bordet f.eks. en deltager har tidligere arbejdet ½ år som praktikant og derefter 1 år som vikar til normal løn i den stilling, som hun nu skal passe – MEN FOR DAGPENGESATSEN. En person er deltidsforsikret og har derudover gennem flere år haft et normallønnet deltidsjob. Vedkommende tvinges nu til at opgive deltidsarbejdet for at passe 37 timer i projektet, hvilket giver et ekstra tab af indtægt, tab af kontakt til det ordinære arbejdsmarked og det hele – FOR DAGPENGESATSEN.

3. Forhindring eller forbedring af kvalifikationer? Projektet blev introduceret som en måde at forbedre sine kvalifikationer på. Det første eksempel, vi hørte, viste det modsatte. En deltager skulle i gang med at forbedre sine kvalifikationer via tilbud om 6 ugers selvvalgt uddannelse, som skal afholdes indenfor de første 9 måneders ledighed. Dette er endnu ikke afklaret, så når projektet, der løber over 8 måneder, er forbi, er tiden forpasset. Det betyder, at mange deltagere er blevet forhindret i at få 6 ugers selvvalgt uddannelse. Det må siges at være grotesk, at de mennesker der i forvejen HAR et arbejde, er dem hvis uddannelse prioriteres på bekostning af de arbejdsløse. Andre deltagere giver eksempler på, at det arbejde, de skal varetage langt fra giver dem bedre kvalifikationer, end dem de kommer med efter mange år på arbejdsmarkedet. Endelig – hvis arbejdet indeholder faglig træning, ville denne træning jo også foregå, selvom man fik ordinær løn i den ordinære stilling.

4. Ekstrabelastning ved at være arbejdsløs, mens du har fuldtidsarbejde. Utroligt – men i dette projekt skal du opfylde alle krav BÅDE som arbejdsløs og som fuldtidsarbejdende, hvilket fører til både økonomiske og tidsmæssige ekstrabelastninger. Tidsmæssigt skal du udover de 37 timer + transport være aktiv jobsøgende. Eksempler på krav om min. 4 ansøgninger pr. uge. Har du ikke pc derhjemme, kan det være næsen umuligt at nå på biblioteket udenfor arbejdstid, så du kan nå at søge. Det er ikke tilladt at bruge arbejdstiden til at søge jobs i. Du kan kun få fri til egentlige jobsamtaler. En del deltagere beretter, at de efter mange år på arbejdsmarkedet er gået ned med stress. Efter endt sygeperiode er de nu tilbage som arbejdsløse. Nu udsættes de for ekstra stress: Kravet er nu 37 timers arbejde + flere timers jobsøgning – ELLERS opfylder du end ikke kravene. Du får ikke fuld løn, men du får de fulde udgifter ved at være i arbejde f.eks. transport til og fra arbejdspladsen, udgifter forbundet med kursus m.m. Det er en yderligere stressfaktor, at en række forhold ikke er afklaret eller oplyst for deltagerne bl.a. deres stilling mht. arbejdsmarkedsbidrag m.m.

5. Din dagpengeperiode kan blive opbrugt mens du passer et fuldtidsarbejde. Selvom du sidder i et ganske ordinært fultidsarbejde optjener du ikke ret til dagpenge, din dagpengeperiode er end ikke på "stand by", men du forbruger din dagpengeperiode. Det fører til den groteske situation, at nogle af deltagerne ryger ud over dagpengeperioden midt i deres projektperiode. De ved ikke, hvad der så sker? Skal de fortsætte på dagpenge? På kontanthjælp, hvis de er berettiget? Andre kan afslutte et halvt år i en vikarstilling, hvor de så kort efter som TAK for gratis arbejde, har opbrugt deres dagpengeperiode. Om du er berettiget til mere end 0 kr. i kontanthjælp afhænger af din situation. Har du arbejdet i mange år og dermed sparet lidt op – købt et lille hus – eller er du så uheldig at være gift med en, der har lidt arbejde, da er chancen for at din kontanthjælp er = 0 kr. størst.

6. Projektet er uansvarligt tilrettelagt både fagligt, medmenneskeligt og arbejdspladsmæssigt. Nogle deltagere har mange års erhvervserfaring og kan let indplaceres, det gælder ikke alle. Der er flere eksempler på, at deltagere er blevet anbragt i en stilling, hvis indhold de slet ikke føler, de er klædt på til. Både indenfor psykiatrien og indenfor svært handicappede er et kort introduktionskursus og 2 ugers praktik ikke nok til, at man overtager de fulde alene-ansvar hvis den faglige baggrund man har, ligger i et helt andet område. Jobcentret afviser den slags bekymringer, det virker for skævvridning af faggrænserne. På mødet gav ca. halvdelen (ved håndsoprækning) udtryk for, at havde de fået en anden placering, end den de havde bedt om. En del var ude for at skifte sted i løbet af de 2 ugers praktik. Heller ikke de medmenneskelige faktorer er i spil. En deltager skal møde 6.30 på arbejde. Hun bor langt fra arbejdsstedet, har ikke bil og der er ingen offentlige transportmidler på den tid af dagen. Skal hun betale taxa med dagpengesatsen? Arbejdspladserne er dårligt orienteret om de vilkår projektdeltagerne kommer med både løn og timemæssigt. Mange har naturligvis troet, at de fik en vikar på normale vilkår, de opdager først nu, hvor deltageren kommer i praktik, at de skal have en kollega ansat, der skal gå til underbetaling/dagpengesats, men på fuld tid. En del deltagere oplever, at arbejdspladsen finder dette forkasteligt.

Tjener Randers Kommune penge på de arbejdsløse?

Randers kommune får EU midler til dette projekt – hvad dækker de?

De fastansatte, der er på uddannelse, kan søge SVU/VEU – midler, som Randers Kommune får som tilskud til den løn, deres ansatte får under uddannelse, får de det?

Løntilskudsjob på dagpengesats, som de ledige får, giver kommunen ret til statsskud, hvad får de her?

Referat af mødet: Helle Nielsen, bestyrelsesmedlem i Landsforeningen Lediges Vilkår, bestyrelsesmedlem i Enhedslisten Randers og Lise Baastrup, bestyrelsesmedlem i Enhedslisten Randers og medlem af Landsforeningen Lediges Vilkår.

Dette brev er sendt til Fagbevægelsen: LO – FTF – AC samt alle de organisationer, hvis medlemmer var repræsenteret på mødet.

Det er med ønsket, om at de faglige organisationer forsvarer medlemmernes rettigheder, både de, der er arbejdsløse og de der er i arbejde i dag og som i morgen måske hører til blandt de arbejdsløse. Som et absolut minimumskrav, vil vi bede jer om, at sørge for, at vi i vikarstillinger til ordinære jobs, bliver aflønnet efter de overenskomstmæssige aftaler, som netop I har indgået for jeres medlemmer.

Svar fra Mette Frederiksen d. 17. aug. 2012

Landsforeningen Lediges Vilkår har den 9.7.2012 sendt et åbent brev til Mette Frederiksen. Det blev bragt i Politikken og Randers Amtsavis. Her er svar fra M. F.:

Kære Helle Nielsen og Lise Baastrup

Tak for jeres brev om anvendelse af løntilskud i forbindelse med et jobrotationsprojekt i Randers Kommune.

Det er ulovligt, hvis en kommune ansætter løntilskudspersoner som erstatning for personer, der er syge eller på ferie, hvis de ikke samtidig sikrer sig, at der er tale om en nettoudvidelse af antallet af ansatte.

Kravet om, at der skal være en nettoudvidelse, kaldes også merbeskæftigelseskravet. For offentlige virksomheder vurderes kravet i forhold til budgettet for den enkelte offentlige virksomhed. Dvs. at kravet er overholdt, hvis en løntilskudsansættelse medfører en nettoudvidelse af antallet af ansatte set i forhold til de ansatte, der følger af budgettet for virksomheden.

Merbeskæftigelseskravet vil også være overholdt, hvis en løntilskudsperson afløser en person, som deltager i uddannelsesjobrotation.

Med jobrotationsordningen kan ledige få vikarjob i virksomheder, hvor de afløser medarbejdere, som deltager i efteruddannelse. Hvis vikaren ansættes med løntilskud, gælder de almindelige betingelser for løntilskudsansættelser. Det er bl.a. merbeskæftigelseskravet og kravet om, at der skal være et rimeligt forhold mellem antallet af aktiverede og antallet af ordinært ansatte.

Et løntilskudsjob skal naturligvis kunne leve op til formålsbestemmelsen. For dagpenge- og kontanthjælpsmodtagere er formålet oplæring og genoptræning af faglige, sociale eller sproglige kompetencer. Løntilskudsjob skal kun tilbydes, hvis personen har behov for disse kompetencer for at kunne opnå ustøttet beskæftigelse. Af samme årsag findes der også regler om, at ansættelse med løntilskud ikke kan tilbydes en person i den virksomhed, hvor personen senest har været ansat.

Jeg kan tilføje, at der er mulighed for at klage til beskæftigelsesankenævnet over aktiveringstilbud – fx et løntilskudsjob – som man ikke finder rimeligt. Jobcentret skal give klagevejledning.

Der er således regler, som skal forhindre misbrug af løntilskudsordningen. Spørgsmålet er, om de er tilstrækkelige. For at få undersøgt dette, har regeringen og Enhedslisten i forbindelse med finanslovsaftale for 2012 aftalt, at Beskæftigelsesministeriet skal gennemføre en udredning af, hvorvidt løntilskud og virksomhedspraktik i strid med reglerne erstatter ordinære job i det private og i det offentlige.

Når det gælder spørgsmålet om optjening af dagpengeret og kravet om aktiv jobsøgning i forbindelse med løntilskudsjob, vil jeg gerne pointere, at for mig er det vigtigt at bevare tilskyndelsen for den enkelte til at finde ustøttet arbejde. Derfor mener jeg heller ikke, at løntilskudsjob skal medføre genoptjening af dagpengeretten.

Det er også vigtigt at holde fast i, at man i et løntilskudsjob fortsat skal søge arbejde, selvom det for den enkelte godt kan føles som en ekstrabelastning. Målet er jo netop, at man ikke bliver ledig igen, når man har afsluttet sit løntilskudsjob, men at man har brugt jobbet som et springbræt til at komme i ustøttet arbejde.

Brev til beskæftigelsesrådene

Randers d. 13/8 2012

LBR (Lokale beskæftigelsesråd Randers)
og Beskæftigelsesrådet (BER) Arbejdsmarkedsstyrelsen

<u>1. Kritik af rotationsprojektet SkanKomp "Vikar for medarbejdere i
social-området i Randers Kommune"</u>
<u>2. Generel kritik af brug af offentligt løntilskud</u>

1. Randers Kommune gennemfører for øjeblikket et rotationspro-
jekt, hvor ledige ansættes i rotationsstillinger med løntilskud.

Landsforeningen Lediges Vilkårs kritik af projektet går på, at ledige i
disse vikarstillinger ikke får overenskomstmæssig løn og ret til op-
tjening af dagpenge. Når de ledige ansættes i offentlige løntilskuds-
stillinger, så er de ansat som merbeskæftigede:

"Bekendtgørelse om aktiv beskæftigelsesindsats: § 61.

Ansættelse med løntilskud af personer, der er omfattet af

§ 2, nr. 1-3 og 5, skal medføre en nettoudvidelse af antallet af

ansatte hos vedkommende arbejdsgiver.

Stk. 2. Ved netto-udvidelse forstås merbeskæftigelse i forhold

til det gennemsnitlige antal i de foregående 12 måneder, og at

ansættelsen ikke sker i en stilling, der er blevet ledig ved af-

skedigelse eller fratrædelse af en ansat uden støtte inden for

de foregående 3 måneder, jf. dog § 67, stk. 2. Ved opgørelsen

af antallet af ordinært ansatte medregnes alle beskæftigede

uden hensyn til arbejdstidens længde. Der skal dog ikke medregnes ansatte med offentligt tilskud og personer, der er ansat i henhold til en ansættelsesaftale, der er indgået for et bestemt tidsrum eller med henblik på en bestemt arbejdsopgave.

Stk. 4. Det betragtes som nettoudvidelse, hvis personen, der ansættes med løntilskud, afløser en fastansat, der er på orlov efter lov om værnepligtsorlov eller deltager i uddannelsesjobrotation, herunder efter lov om statens voksenuddannelsesstøtte."

Sådan som vi forstår det, så er der her taget i betragtning, at den fastansatte, som jo er på uddannelsesorlov, stadig er ansat, og dermed er der tale om en nettoudvidelse, når den ledige tiltræder vikarstillingen.

På Arbejdsmarkedsstyrelsens hjemmeside står der:

"Formålet med løntilskud er at genoptræne eller styrke faglige kvalifikationer."

Ved genoptræning forstår vi en person, som har lidt skade eller har mistet nogle af sine kompetencer/evner, og som nu skal have hjælp til at komme på fode igen.

I et rotationsprojekt som ovenstående vil en vikar ikke kunne få hjælp til genoptræning eller få styrket sine faglige kvalifikationer, da vedkommende indtræder i en stilling i stedet for en fastansat som har orlov.

Som sådan må det forventes, at den ledige hurtigt vil være i stand til at komme ind i rutiner og arbejdsgange, da det øvrige faste personale ikke har resurser, da de har egne faste daglige rutiner.

Så på den baggrund mener vi ikke, at ansættelse i løntilskud vil være på så sin plads her. Tværtimod modsiger de to begreber, rotations-stilling og løntilskud, hinanden; det forventes at den ledige kan arbejde selvstændigt, men samtidig har vedkommende også brug for hjælp til genoptræning og styrkelse af faglige kvalifikationer.

Derfor opfatter vi heller ikke rotationsstillingerne som en nettoudvidelse eller merbeskæftigelse men derimod som en overtagelse af en fast stilling for en kortere periode.

Derudover kan diskuteres, om rotationsvikarerne overhovedet har brug for genoptræning og således ville kunne drage nytte af et løntilskudsjob:

1. Hvis man kun har været ledig i ganske kort tid, så har man således ikke mistet erfaring og bør som sådan stadig være fuldt opdateret med hensyn til de daglige rutiner og faglige kvalifikationer.

2. Nogle af rotationsvikarerne har flere uddannelser indenfor relaterede fagområder, hvilket må være en kvalitet i sig selv.

3. Flere har været ansat indenfor området i rigtig mange år og har således opnået en rimelig stor arbejdserfaring.

Disse 3 punkter bør berettige til at en ansættelse med overenskomstmæssig løn og på ordinære ansættelsesvilkår. Her en udtalelse fra en af vikarerne:

"At mange af os har været væk fra arbejdsmarkedet i 3 måneder - 1½ år, ser jeg ikke som en diskvalificering. Hvad så med folk der er væk på barselsorlov, uddannelsesorlov, plejeorlov eller er sygemeldte i en periode? Skal de så også genoptrænes, støttes osv. når de vender tilbage efter f.eks. barselsor-

lov?"

2. I LLV mener vi, at man skal sidestille alle borgeres arbejdskraft, kompetencer og muligheder på ligeværdige vilkår. Som det er nu, findes der to typer "arbejde": Det ene hedder "arbejde" og er på ordinære løn- og arbejdsvilkår, det andet hedder "tilbud" Jf.

"Bekendtgørelse om selvforskyldt ledighed: § 1 stk. 2 og 8. Ved "arbejde" forstås ordinært arbejde, der er udbudt på almindelige løn og arbejdsvilkår, og hvor der ikke gives offentlige løntilskud til lønnen." og "Ved tilbud" forstås tilbud efter lov om aktiv beskæftigelsesindsats"

Det er uforståeligt, at en sådan sondring i arbejdsbegrebet er lovlig.

Vi mener, at man skal afskaffe, at arbejde kan være et tilbud.

Arbejde er arbejde og skal til enhver tid aflønnes på ligeværdige og ordinære vilkår. Man kan selvfølgelig ikke både være ledig og arbejde.

Ligeledes kan et "tilbud" aldrig være tvang eller pligt. (Rotationsvikarerne i dette projekt udtaler, at de føler sig mere eller mindre tvunget ind i Randers Kommunes rotationsprojekt, med truslen om at blive sendt ud i et andet løntilskudsjob med ringere arbejdsindhold.)

Derfor skal løntilskudsjob og tilsvarende støttede stillinger afskaffes, da det er kunstige ansættelsesformer, som udhuler arbejdsbegrebet og almindelige lønmodtagerrettigheder.

Offentligt støttede stillinger er støtte til arbejdsgiveren, ikke til ledige borgere, som til enhver tid skal ansættes på ordinære vilkår.

Det er vores oplevelse, at løntilskudsjob og ulønnede praktikker fuldstændig har fortrængt ordinære vikarstillinger. Selvom det ikke er lovligt at ansætte ledige i løntilskud og lade dem indgå som en del af normeringen, så er det desværre det, som sker.

Vi vedlægger referat af møde med 30 rotationsvikarer fra projektet, afholdt d. 26. juni 2012. Her vil man kunne få en fornemmelse af vikarernes frustrationer og utilfredshed med projektet. Ligeledes kan man læse om rotationsprojektet og om landsforeningen på LLV`s hjemmeside. <u>www.ledigesvilkaar.dk</u>

Landsforeningen Lediges Vilkår og rotationsvikarerne i projekt SkanKomp Randers forventer selvfølgelig et kompetent svar fra både LBR og BER.

Med venlig hilsen

Bestyrelsen i Landsforeningen Lediges Vilkår

Svar fra Det Lokale Beskæftigelsesråd d. 29. aug. 2012

Uddrag af svar:

"Det er det lokale beskæftigelsesråds opfattelse, at alle regler er overholdt i det pågældende projekt."

"Forvaltningen har også oplyst det lokale beskæftigelsesråd om, at de ledige fungerer som vikarer i løntilskudsordning opnår en række fordele. Det drejer sig om, at:

- Vikarerne får et opkvalificerende introduktionskursus inden vikariatet påbegyndes.
- Vikarerne opnår erfaring fra et specifikt område og mulighed for at demonstrere deres kompetencer indenfor deres fagområde.
- Forvaltningen har etableret en særlig "vikarbank", hvori vikarerne indgår, således at de vil stå godt, når der viser sig midlertidige eller mere permanente ordinære job-åbninger i Randers Kommune.
- Vikarerne optjener ferie og feriepenge under ansættelsen i løntilskud.
- Vikarerne optjener pension under ansættelsen i løntilskud og får indbetalt både eget bidrag og arbejdsgiverbidrag ud fra en individuel lønplacering.

Vikarerne kan efter en individuel vurdering blive fritaget for kravet om jobsøgning i vikarperioden.

På baggrund af alle disse forhold har det lokale beskæftigelsesråd ikke betænkeligheder vedrørende de betingelser, som er aftalt vedrørende vikarerne i jobrotationsprojektet på socialområdet. Tværtimod anser vi det for et godt tilbud med relevante perspektiver for de ledige."

Landsforeningen Lediges Vilkår er ikke tilfreds med svaret, da erfaring og kompetencer lige så fyldestgørende kan opnås i en ordinær vikarstilling. Dette er i høj grad en forringelse af vikarernes ansættelsesforhold.

Spørgsmål og svar i Randers Byråd, 21.5.2012

Spørgsmål fra Helle Nielsen, Landsforeningen Lediges Vilkår, Randers

Efter en indledning, hvor Helle Nielsen henviser til projektet "Vikar for medarbejdere på socialområdet", spørger hun:

Spørgsmål 1: Hvordan harmonerer dette projekt med, at Randers Kommune har besluttet at ansætte den ledige i lønskud, og således får den ledige kun dagpengesats modsat en fast ordinær løn?

Svar: Det er en del af aftalen mellem arbejdsmarkedets parter og Randers Kommune, "At der ved brugen af ovenstående redskaber (løntilskud og praktik), indtænkes perspektiver som jobrotation, voksenlærlingeordninger og brugen af 6 ugers selvvalgt uddannelse for forsikrede ledige."

Det omtalte projekt er et jobrotationsprojekt, hvor ledige ansættes som vikarer i løntilskudsstillinger. Projektet er således helt i overensstemmelse med aftalen mellem Randers Kommune og arbejdsmarkedets parter. Endvidere får kommunen hvert år tildelt en kvote på et antal løntilskudspladser, som kommunen er forpligtet til at stille til rådighed. Kvoten er i 2012 på 324 pladser. Det er kommunens opfattelse, at det kvalitativt giver god mening, bl.a. at opfylde kvoten ved hjælp af løntilskudspladser i forbindelse med jobrotationsprojekter.

Spørgsmål 2: Er det af økonomiske årsager, at Randers Kommune ikke vælger at modtage rotationsydelse og efterfølgende ansætter de ledige i vikarstillinger til overenskomstmæssig løn?

Svar: Ja. Socialafdelingen lægger vægt på at medarbejderne kan få kompetenceudvikling, også selv om det er økonomiske stramme tider. Det har derfor været afgørende for at kunne gennemføre det omtalte jobrotationsprojekt, at det økonomiske kunne hvile i sig selv. Og det har kun været muligt ved, at vikarerne blev ansat i løntilskud og ikke på rotationsydelse.

Gevinsten er, at medarbejderne bliver opkvalificeret og et antal ledige får relevant og meningsfuld aktivering, der bringer dem tættete på arbejdsmarkedet.

Kilde: nemweb.randers

Randers Kommune opretter stadig her i 2014 rotationsstillinger med løntilskud. Kommunen har ligeledes fået fordoblet deres kvote af løntilskudsstillinger.

Ringere jobchancer

Jobcentret påstår, at det bliver nemmere at få ordinært arbejde, og den lediges tilknytning til arbejdsmarkedet forstærkes, hvis vedkommende har været i løntilskud først. Dette gælder muligvis indenfor det private. Men adskillige ledige har imidlertid fortalt mig, at det har gjort det sværere at få job, hvis man har været ude i støttet beskæftigelse først.

Altså forringer det ens muligheder for at få en fod indenfor på en arbejdsplads, hvis man siger, at man har været ude i et løntilskudsjob eller ulønnet praktik. Det skal så siges, at dem jeg har talt med, har været i offentligt løntilskud.

En ledig, som var ude i et offentligt løntilskudsjob, fortalte, at hun var blevet indkaldt til jobsamtale i kommunen om en ordinær stilling. Hun var meget optimistisk og syntes selv, at første halvdel af jobsamtalen gik rigtig godt.

Så blev der spurgt ind til, hvad hun lavede nu, og hun fortalte om sit nuværende løntilskudsjob i kommunen. Så var det som om, at alle omkring bordet stivnede, og der blev helt stille.

Hun fornemmede, at det skulle hun nok ikke have fortalt, men på den anden side, var hun jo nødt til at fortælle om sit nuværende arbejde. Hendes fornemmelse af samtalen efterfølgende var, at hun nok ikke ville få jobbet. Hvilket hun heller ikke gjorde.

Virksomhedspraktik er en ordning, der skal hjælpe personer ind på arbejdsmarkedet ved at give et kort introduktionsforløb på en arbejdsplads.

Målgruppe: Virksomhedspraktik er rettet mod personer, som på grund af mangelfulde faglige, sproglige eller sociale kompetencer har vanskeligheder ved at opnå beskæftigelse på ordinære vilkår. Virksomhedspraktik kan anvendes både for ledige og for personer med nedsat arbejdsevne.

Formålet med virksomhedspraktik er: At afklare personens beskæftigelsesmål – dvs. at afklare, hvad der skal til, for at personen kan opnå beskæftigelse på ordinære eller særlige vilkår og at optræne personens faglige og sociale kompetencer. For institutionen kan virksomhedspraktik også benyttes til at vurdere, om praktikanten kan ansættes i et fast job eller i et tilskudsjob umiddelbart efter praktikkens ophør.

Virksomhedspraktik varer 4-13 uger, som i særlige tilfælde kan forlænges op til 26 uger, afhængig af målgruppen. Det er jobcentret, der vurderer, hvilke personer der har brug for et afklaringsforløb, og det er jobcentret, der forestår visitationen af ledige til virksomhedspraktik.

Ansættelsesmæssige forhold:

Personer i virksomhedspraktik er ikke ansat og er derfor ikke omfattet af en række af de regler, der efter lov eller kollektiv overenskomst gælder for lønmodtagere. Dog gælder arbejdsmiljølovgivningen og lov om forbud mod forskelsbehandling på arbejdsmarkedet. Institutionen skal ikke udstede et ansættelsesbevis. Institutionen udbetaler ikke løn under praktikopholdet, da personer i virksom-hedspraktik stadig modtager deres hidtidige individuelle hjælp fra a-kassen eller kommunen.

Deltagelse i virksomhedspraktik skal ligge inden for institutionens normale arbejdstid og må ikke have et omfang, der overstiger normal arbejdstid pr. uge.

Særlige bestemmelser:

Virksomhedspraktik må ikke anvendes til at løse kortvarige sæson-prægede arbejdsopgaver i en institution, og virksomhedspraktik må ikke etableres alene med det formål, at praktikanten skal erstatte en ordinært ansat på grund af besparelser, barselsorlov eller andet.

Der skal på institutionen være et rimeligt forhold mellem antallet af ordinært ansatte og antallet af personer i virksomhedspraktik samt ansatte med løntilskud. Det er dog ikke et krav, at etablering af virksomhedspraktik skal medføre en merbeskæftigelse i forhold til institutionens normale beskæftigelse. Under virksomhedspraktik kan der således udføres arbejde, der ellers ville blive udført som almindeligt lønnet arbejde.

Ansættelsesmyndigheden skal være opmærksom på, at ledige ikke længere kan komme i virksomheds-praktik i den virksomhed, de senest har været ansat i.

Jobcentret kan i forbindelse med virksomhedspraktik yde tilskud til hjælpemidler, herunder køb af arbejdsredskaber, samt til frikøb og opkvalificering af en mentor, jf. Kap. 14 i lov om en aktiv beskæfti-gelsesindsats.

Kilde: ”Moderniseringsstyrelsens personale vejledning”

Der noget helt galt i det her samfund

Mine sønner blev visiteret til Randers FC Jobakademi, og har derefter været i, jeg ved snart ikke hvor mange praktikker uden mulighed for fast job. Tilbage på jobcentret kunne de vælge mellem daghøjskolen eller en samtale hver tredje måned.

De spildte 1 ½ år på Randers Produktionsskole og til 25 kr. i timen. Selv teltene i Randers Ugen skulle de hjælpe med at sætte op.

Den øverste leder er vild med fodbold, så man laver en studietur til Barcelona for de ansatte. Borgmesteren udtalte, at det skulle jeg få mine sønner fra, for det ville ikke føre til en "rigtig" uddannelse.

Kontanthjælpen fortsætter dog men nedsat med 1000 kr. efter seks måneder på kontanthjælp – det er ikke særlig opmuntrende.

Min mand blev indkaldt til samtale i en vuggestue; der kom en sms med en dags varsel. En time før samtalen lå der et brev i postkassen fra jobcentret vedrørende jobsamtalen.

Til samtalen i vuggestuen lød beskeden: "Du er for gammel!" Og det mener jeg sådan set også, han er. Men Jobcentret burde jo have jo folks alder stående.

I dag var han til samtale på Randers Kommunes grønne områder; et løntilskudsjob i 2 måneder Hvis han skal betale AM-bidrag af sådan et job, mister han 1600 kr. netto. om måneden.

Der er noget helt galt i det her samfund!

En historie fra det virkelige Danmark

Jeg sidder så her og må erkende, at min tilværelse er lagt i ruiner, da jeg er så uheldig, at mine arme ikke kan det samme som tidligere, jeg er sygemeldt og så har man ikke længere ret til et familieliv......

Min dejlige kæreste og jeg er tvunget til, at opløse vores lille familie, vi har ikke længere råd til at være sammen, da vores politikere ikke mener, at jeg har brug for en indtægt, så derfor SKAL Lars forsørge både mig og min datter, hvilket han på ingen måde er i stand til, da han så må gå fra hus og hjem.

Og vi kan ikke fortsætte med bare, at være kærester, da man ikke må sove sammen, vi må ikke få fælles invitationer, knap nok deltage i de samme fester, min datter og mig kan ikke længere være en del af vores dejlige svigerfamilie, da vi så vil blive betragtet som kærester og så skal Lars stadig forsørge os.....

Den eneste trøst (hvis man kan kalde det det) er at vi ikke er alene, der er mange tusinde, der er i samme sørgelige situation.

Jeg har ikke lyst til, at skilte med disse ting, men er nødt til det, for om muligt, at få alle jer derude til at forstå, hvad der rent faktisk sker i vores lille land......

Hvordan kan I dog blive ved med, at tro det er vejen frem. Husk I kan selv blive syge eller miste jeres arbejde!!!!!! Er det den fremtid I ønsker for jeres børn ???

Jeg græder i hvert fald for min datter, min kæreste, mig selv og de tusindvis af mennesker der går en meget usikker fremtid i møde og for det land jeg altid har elsket.

Ingen kontanthjælp

Fra d. 1. sept. 2012 til d. 20. febr. 2013 læste jeg på Århus Universitet, men måtte desværre stoppe af økonomisk grunde; SUèn slog ikke til, og det har vist sig svært at finde et studiejob.

Sidst i febr. md. går jeg på Jobcentret for at søge om kontanthjælp. Damen ved skranken fortæller mig, at jeg først kan søge kontanthjælp, når min SU er stoppet.

Jeg drager så den konklusion, at jeg så først skal henvende mig efter den 1. marts. Men d. 1. marts får jeg igen SU, så jeg tænker, at jeg nok skal søge kontanthjælp igen til 1. april.

D. 25. marts får jeg krav om tilbagebetaling fra SU på 8100 kr. (SU og lån) for marts måned. Jeg går igen på Jobcenter og udfylder papirer og regner med, at jeg så får kontanthjælp for marts.

Men nej; d. 1. april får jeg ikke for 4 men kun for 1 uge plus et lille engangsbeløb. Jeg er grædefærdig, for med det jeg har fået, kan jeg ikke en gang betale min husleje.

Jeg ringer til Ydelseskontorer, men der er ikke noget at komme efter; jeg får kontanthjælp fra den dag, jeg henvender mig for at søge. Og det mener de er den 25. marts. Jeg sender en klage til Ydelseskontoret, men den bliver afvist.

I min klage til Beskæftigelsesankenævnet skriver jeg, at jeg er blevet misinformeret, den første gang, jeg henvender mig sidst i febr. Damen ved skranken burde have uddybet nøjere, hvordan reglerne er. Jeg er kommet rettidigt, til at være berettiget til kontanthjælp fra d. 1.

marts. Et par måneder efter får jeg svar fra Beskæftigelsesankenæv-
net, der giver mig ret i klagen.

U-proff. vejledning.

Erik har jeg mødt på Randers kommunes jobsøgningskursus "Job Klar Parat Start" i dec. 2011. På kurset deltog ca. 70 langtidsledige fordelt på to hold.

Det var 6 uger med undervisning i at skrive ansøgninger, gå til jobsamtaler m.m. om formiddagen. Og om eftermiddagen skulle vi så lave ansøgninger.

Folk begyndte hurtigt at opføre sig som børn, fordi de blev behandlet som børn. En af kursisterne lå det meste af tiden og sov hen over bordet. De 2 undervisere blev af og til sure og skældte ud. Så følte man sig hensat til tiden i folkeskolen!

Vi fik at vide, at vi ikke måtte forlade kurset hverken formiddag eller eftermiddag. Hvis vi skulle ud og søge arbejde, skulle vi spørge om lov.

Jeg gik nogen gange hen i Føtex og dalrede lidt rundt. Og købte måske cup-cakes til Erik og mig til vores eftermiddagskaffe.

Det var nemlig næsten umuligt at få de tre timer om eftermiddagen til at gå; så mange stillinger er der altså heller ikke at søge i Randers. Og ligeledes heller ikke vældig mange arbejdspladser at sende uopfordrede ansøgninger til.

Kurset skulle munde ud i, at vi alle skulle ud i en ulønnet praktik i 4 uger eller mere. Underviserne havde en liste med ca. 120 praktikker, vi kunne vælge ud fra. Overvejende i butikker og indenfor det offentlige.

Hvis ikke vi selv valgte et sted, så valgte underviserne en praktik til os. For i virksomhedsaktivering det skulle vi!

Jeg sagde, at de ikke bare kunne tvinge os ud i en praktik, hvis vi hellere ville noget andet. F. eks. på kursus eller uddannelse.

Den ene af underviserne tog åbenbart den bemærkning meget personligt. Han fløj op af stolen og sagde, at det kunne de i hvert fald godt. Den diskussion kom til at vare næsten tre kvarter, og så var "den ged barberet."

Lige indtil næste dag, hvor jeg bragte emnet på banen igen. Men så gik der da tid med det, og den var der jo rigeligt af.

De to undervisere havde i øvrigt selv prøvet at være ledige, fortalte de os. Måske ville de skabe lidt samhørighed eller solidaritet med os kursister.

For nogle af kursisterne var det ikke første gang, de var på kurset. De havde før prøvet praktik, men havde ikke været heldige at blive fastansat. Derfor var de så "heldige" at kunne deltage i endnu en runde.

Nogle kursister fortalte, at arbejdsgiverne som noget af det første havde sagt til dem, at de ikke skulle forvente ansættelse efterfølgende. Så var den gulerod ligesom fjernet!

Én af kvinderne på holdet brød en dag grædende sammen; det var åbenbart bare blevet for meget. Og det kan man jo godt forstå.

En anden af kursisterne blev meget vred, når nogen talte negativt om kurset. Men ellers virkede folk meget "tilpassede."

Kurset stoppede, men jeg mailede stadig sammen med Erik. Han fik en praktik i 6 uger, jeg husker dog ikke hvor. I dec. md. 2012 snak-

kede jeg med ham igen. Han stod nu til at falde ud af dagpengesy-
stemet d. 1. jan.

Han mente selv, at han ikke ville kunne få kontanthjælp, da han eje-
de et lille kolonihavehus. Jeg sagde til ham, at han ville kunne få den
nye uddannelsesydelse, som svarer til en kontanthjælp.

Det troede han imidlertid ikke på, for det havde hans sagsbehandler
ikke snakket noget om. Jeg kunne ikke få ham til at indse, at sags-
behandleren ikke havde givet ham optimal vejledning.

Jeg snakker så med ham senere på året. Han havde været i gang
med nogle fag på VUC og havde fået SU i den periode.

Nu er det dog slut, og han har nu slet ingen indtægt. Erik kan dog gå
på pension om et halvt år. Men indtil da, må han leve af sin opspa-
ring. Den opsparing som måske skulle have forsødet hans pensio-
nisttilværelse. Det er så slutgevinsten ved at være en menneskealder
på arbejdsmarkedet og passet sit job upåklageligt.

Det skønnes, at kun ca. 40 % af personalet på landets jobcentre er socialrådgivere, mens resten har helt andre uddannelser som f.eks. pædagog, skolelærer, håndværker, akademiker m.m.

En jobkonsulent på Randers Jobcenter blev spurgt, hvilken uddannelse og faglige baggrund hun havde. Det svarede hun ikke konkret på men sagde, at hun havde arbejdet med lidt af hvert.

Det er et problem, hvis ikke medarbejderne på jobcentrene har en relevant uddannelse, f. eks. som socialrådgiver.

Hvis man skal have lavet sine elinstallationer derhjemme, så ringer man efter en elektriker og ikke en bager eller en tømrer. Man må næsten kunne forvente, at der ville "gå kage i det", hvis bageren skulle ordne elinstallationerne!

Og det samme kunne måske også være tilfældet med sagsbehandlingen på jobcentrene. I hvert fald er der mange steder stor forskel på, hvordan man ser på sagerne og på begrebet ledighed.

En ansat sagsbehandler går måske mest op i det administrative, og om den ledige overholder kravene om at stå til rådighed. Hendes eller hans fokus ligger på at opnå maksimal refusion fra staten. En anden ansat lægger måske større kræfter i at hjælpe den ledige i arbejde.

Synet på den ledige kan også være forskellig fra sagsbehandler til sagsbehandler. Nogen har den opfattelse, at den ledige for alt i verden ønsker sig et job. Modsat andre som har den opfattelse, at den ledige mangler incitament til at komme i arbejde; vedkommende klarer sig udmærket på offentlig forsørgelse.

På Ankerhus Jobakademi

Vibeke er blevet indkaldt til en jobsamtale på Randers Jobcenter. Jobkonsulenten og Vibeke skal sammen snakke om, hvor Vibeke har lyst til at komme i aktivering henne.

Vibeke har været på en del kurser og synes ikke, hun har brug for mere af den slags. Så hun har fundet sig en 4-ugers praktikplads i en børnetøjsforretning.

Vibeke fremlægger sit fromme ønske overfor den kvindelige jobkonsulent. Men jobkonsulenten mener åbenbart ikke, at det er relevant med en praktikplads i en børnetøjsforretning.

Kvinden er særdeles effektiv, og fingrene løber hurtigt henover tastaturet på computeren. Hun glemmer helt at kigge på Vibeke, for at se om Vibeke kan følge med. Og vupti, nu trækker kvinden triumferende op af hatten 3 jobsøgningskurser, som hun selv synes er relevante for Vibeke at deltage i.

Vibeke føler sig overrumplet af jobkonsulentens lidt fremfusende adfærd og hendes insisteren på, at dette er Vibekes behov; at deltage i endnu et jobsøgningskursus. Vibeke når slet ikke at protestere. Hun udbeder sig imidlertid betænkningstid med hensyn til hvilket kursus, hun skal vælge.

Vibeke ringer næste dag til jobkonsulenten og meddeler hende, hvilket kursus hun har valgt. Jobkonsulenten giver udtryk for, at hun er lidt skuffet over Vibekes valg; hun havde håbet på, at Vibeke havde valgt et af de andre. Det jobkonsulenten havde i tankerne var mere en form for et psykisk og personligt afklaringsforløb.

Vibeke havde dog snakket med lederen af kurset aftenen før. Han pointerede overfor Vibeke, at kursusset kunne være lidt grænseoverskridende, da det gik personligt og mentalt meget tæt på.

Det ønsker Vibeke sig ikke; hun havde året før deltaget i et kursus, hvor deltagerne den ene efter anden brød mere eller mindre hulkende sammen, fordi de bevidst eller ubevidst fik krænget hele deres sjæl ud. Vibeke havde dog ikke været utilfreds med kurset, men hun orker bare ikke mere navlepilleri.

Vibeke starter den følgende mandag på Jobsøgningskursus på Ankerhus Jobakademi. Det lyder fint. Akademi!

Hun er dog stadig irriteret og kan ikke forstå, hvad det skal til for. Hun har lært at skrive ansøgninger og gå til jobsamtaler. Det er spild af resurser efter hendes mening.

Da Vibeke møder ind er alt kaos; folk farer forstyrret rundt uden noget mål. Ser det ud som om. Grunden kan være, at der starter nye kursister hver mandag. Personalet har sit hyr med at få fordelt kursisterne på de 4 hold, og derfor opstår der nemt fejl.

Vibeke går tre dage på kursusset, før en af underviserne finder ud af, at hun faktisk er indplaceret forkert. Denne form for professionalisme irriterer Vibeke endnu mere.

Vibeke fornemmer lynhurtigt, at mange af underviserne er ret så uerfarne i at undervise og holde oplæg. Endnu anvender hun dog ikke ordet inkompetente.

To universitetsuddannede undervisere skal uafhængigt af hinanden vejlede kursisterne i at skrive ansøgninger. Men de har desværre ingen føling med, at det er en stor blandet flok af ledige, som de har med at gøre.

Der er unge og gamle. Der er faglærte og ufaglærte. Der er folk med en kortere uddannelse og folk med en længerevarende uddannelse.

Flere af kursisterne har aldrig prøvet at skrive en ansøgning før, men det er underviserne åbenbart ikke bevidste om. Den manglende erfaring med at skrive ansøgninger kan skyldes, at mange af de ledige er vant til at ringe ud til arbejdsgiverne, når de søger arbejde.

De to undervisere tager som udgangspunkt for at skrive ansøgninger deres egne med. Ansøgningerne og CV'et er skrevet i et akademisk sprog og er lange og indviklede. Kursisterne har ikke overskud til at nærlæse dem og opgiver efter at have studeret den første halve side af ansøgningen.

Da Vibeke og de andre kursister ikke forstår undervisernes ansøgninger, tager Vibeke en af sine egne ansøgninger hjemmefra med, som så bliver det det udgangspunkt, som nogle af de andre medkursister anvender.

Den er noget kortere og mere overskuelig. Vibeke synes dog ikke, at det kan være meningen, at kursisterne mere eller mindre skal undervise hinanden.

Underviserne har heller ikke føling med, at ikke alle kursister har lyst til at fortælle om meget personlige ting foran 10 – 15 fremmede mennesker. Vibeke har faktisk heller ikke. Kursisterne er i en sårbar situation p. g. a. deres ledighed, og mange har mistet en stor portion selvværd, da de også mistede deres job.

En dag bliver det meget pinligt. En psykolog er sat til at undervise. Hun vil gerne have kursisterne til at fortælle, hvad de synes er deres gode sider, og hvad de synes er deres mindre gode sider, og hvad de eventuelt kan gøre for at blive bedre til at udvikle de gode sider!

Psykologen forsøger at få en mandlig kursist til at fortælle om hans gode sider og mindre goder sider. Og det bliver åbenbart for privat efter både hans mening men også de andres. Det mærkes tydeligt, at hans grænser er overskredet. Psykologen er trådt ind i hans privatsfære.

Kvinden presser ham mere og mere, og Vibeke frygter, at manden enten bryder sammen eller får et mindre raserianfald. Men han står dog stadig stiv og rank, mens luften sitrer af spænding.

Vibeke er nu blevet så irriteret, at hun udslynger til psykologen, nu er det altså nok. Og Vibeke siger ligeledes til psykologen, at hun synes, at denne dialog kan kursisten og psykologen tage senere, når de er alene sammen.

Først der stopper kvinden, fordi hun højst sandsynligt fornemmer, at stemningen er lidt i mod hende. Der udbryder nu en heftig diskussion om undervisningsemner og undervisningsmetoder blandt kursisterne, og spørgsmålene og kritikken hagler ned over underviseren.

Dette er dog ikke det eneste eksempel på, at kursisterne føler sig stillet til skue overfor andre for sin part, uvedkommende mennesker.

Nogle andre aktiviteter, som kursisterne skal deltage i, er at skulle synge kanon og hoppe i sjippetov. Men det er altså ikke alle, der har lige stor lyst til at genfinde sit indre barn. Heller ikke Vibeke. Hun finder det utroligt barnligt og uopfindsomt.

Vibeke ønsker bare, at de snart kunne komme i gang med at finde ud af, hvordan der kan skaffes et job til hende og de mange andre kursister.

Alt det her med at hoppe i sjippetov, synge og være kreativ på en eller anden måde er selvfølgelig meget sjovt, hvis man frivilligt har meldt sig til det, og man i øvrigt brænder for det. Men her er kursisterne tvunget til at hoppe med på undervisernes mere eller mindre heldige aktiviteter.

På kursusset er blandt andet håndværkere, ufaglærte eller faglærte mænd, som på den måde er tvangsindlagt til at høre om meditation og sund livsstil. Vibeke kan godt forstå, at de er negative og også giver højlydt udtryk for det, når det eneste de ønsker sig er et job.

Til sidst bliver Vibeke og 2-3 andre kursister så vrede, at de klager over undervisningen til underviserne, som så går videre med klagerne til lederen af kursusset. Deres klager forstyrrer selvfølgelig meget, og det optager en del tid, for da først isen er brudt, da har de andre kursister også en masse at kritisere.

Vibeke holder ud i alle seks uger og er stadig meget forundret over, hvordan man kan få lov til at køre et for hende så uprofessionelt kursus med så inhabile undervisere!

Denne historie udspiller sig før de nye refusionsregler blev indført i 2011. Dengang var det mere rentabelt for kommunen at sende ledige på kursus end det var at sende dem i virksomhedsaktivering.

Forløb af min sygeperiode

Fik en arbejdsskade i feb. 2012 med vrid over højre knæ. Ventede i lang tid på en MR-skanning. Indkaldes til Randers sygehus 10-5-2012, hvor 90 % af menisken i højre knæled fjernes.

Er 9 uger efter at skaden opstod overgået til sygedagpenge. Har også fået en sagsbehandler. Det bliver besluttet, at jeg skal i fysioterapi pr. 8-6-2012 i kommunalt regi.

På det tidspunkt regnes der med 4 md. genoptræning. Det går ikke som forventet. En overlæge på ortopædkirurgisk ambulatorium skriver samtidig i en attest til Arbejdsskadestyrelsen:

"Skadelidte har stærk nedsat funktion i knæet, og det vil være vanskeligt at genplacere ham på arbejdsmarkedet."

Jeg fortsætter min genoptræning, indtil fysioterapien henviser mig til en second opinion. Den kan først foretages 22-3-2013. Samtidig har min SB bedt min egen læge om en GHA.

Nu opstår alle problemerne med kommunen!

D. 30-3-2013 falder jeg for sygedagpengeloftet, kommunen fratager mig sygedagpengene. Hvilket jeg anker og samtidigt beder jeg skriftligt om fuld aktindsigt.

Efter jeg fandt ud af, at kommunen havde taget deres beslutning, jf. § 27 stk. 1 til 7 i forlængelsesloven om sygedagpenge. Hvori de havde skrevet, at der ingen arbejdsskadesag var, til trods for, at de havde modtaget et brev d. 14-1-2013 fra Arbejdsskadestyrelsen om, at de stadig har min sag under behandling. De modtager først GHA fra min egen læge og resultat af second opinion omkring 5-4-2013

Efter påske 2-4-2013 opsøger jeg min sagsbehandler, idet der ikke kommer svar fra hende, når jeg ringer. Aftalen var, at hun ville ringe inden for en arbejdsdag, når hun havde hørt min telefonbesked.

Jeg erfarede, at hun var sygemeldt på ubestemt tid. Efter 1 times venten kom endelig en anden SB. (Jeg fandt senere ud af, at denne person var min første SB`s chef.)

Samtalen kom kun til at dreje sig om kontanthjælp og hvorhenne, jeg skulle søge denne. Af gode grunde ikke om min GHA og Sekund opinion, hun havde ikke modtaget disse papirer, som egentlig skulle bruges i sagsbehandlingen af min ret til stadig at få sygedagpenge.

Mine sager ligger stadig i statsforvaltningen som en ankesag. Mit ønske om fuld aktindsigt er stadig ikke efterkommet. Kontanthjælp har jeg ikke fået, idet jeg først skulle sælge min 14 år gamle campingvogn og min 40 år gamle fiskejolle, hvilket jeg har brugt et helt arbejdsliv til at spare op til.

Uden penge på lommen kontakter jeg min fagforening. Jeg fik lov, at låne penge der, så jeg kunne klare mine forpligtigelser den kommende måned.

D. 22-4-2013 blev jeg af egen læge vurderet til rådighed af a-kassen med skånehensyn (forbehold for tunge luft.) Med denne attest i hånden kunne jeg melde mig ledig på Jobcentret.

Mine pinsler var ikke forbi, for jeg fik alle mulige jobtilbud, der indebar tunge løft, som jeg var tvungen til at søge, men fik ikke svar på dem.

D. 15-8-2013 valgte jeg, at gå på efterløn som 60-årig. Ude af et langt arbejdsliv. 25 sidste år på samme arbejdsplads. I dag lever jeg med kroniske smerter, og tænker var det takken for at passe et arbejde.

Enden på det hele er, at jeg 2-10-2013 modtog et afslag fra arbejdsskadestyrelsen. Hvilket min fagforening og jeg har sendt tilbage dertil for revurdering. Grundet styrelsen har lagt kommunens opfattelse af sagen til grund for afgørelsen og ikke de af styrelsen selv rekvirerede lægeundersøgelser. Revurderer styrelsen ikke er de blevet bedt om, at oversende klagen til Ankestyrelsen.

Hvor mange historier vil I have?

Se jer om i de forskellige sygdomsramte grupper.....Jobcenter Randers bryder loven, svindler med refusioner, ændrer lægepapirer. Her er et par situationer:

"Vi visiterer dig til at være 10 timer om ugen på CBR, men du behøves sådan set ikke at møde op!"

"Vi tildeler dig en aktiv mentor, men det skal du bare se bort fra!"

"Vi skal lige have konverteret din fysiske diagnose, så vi betaler lige en læge for at skrive, du er psykisk syg. Så kan vi fastholde den i udredning indtil folkepensionen!"

"Vi skal lige have lægekonsulenten til at skrive, at vi kan tvinge dig til operation, på medicin, til psykolog (som du selv betaler), så kan du indse, at du har knald i låget!"

"Imens sætter du dig hjem i sofaen og venter på, at vi igen om 3. mdr. indkalder dig, det er det eneste, du kan kræve af os. (Jobcentret.)"

Et helt byråd har sagt ja til den behandling. Ingen hjælper. En gang i mellem brøler I op, men sker der mere? Nej! Om lidt så står sygdomsramte familier uden forsørgelsesgrundlag, alene fordi Randers Kommune vil hente STATSREFUSSIONER hjem!

Det bliver vi syge i et sygt system ikke raske af! Skete det ude i det private, så havde Jobcentret fået utallige sagsanlæg på nakken.

Men syge er blevet mennesker uden rettigheder, dog med undtagelsen til at sidde i sofaen og se deres liv blive nedgjort og ødelagt.

Så jeg stemmer BLANKT.

Hjerneskadet

"Jobcenter Randers købte i sommers en neuropsykolog for at få det de ville have. Jeg har stillet spørgsmål til TEAM Danmark, for nu hedder det: ELITESPORT giver HJERNESKADER."

Som elite idrætsudøver har din hjerne taget skade, sådan lyder besked en fra Jobcenter Randers til M. mere end 32 år efter, hun stoppede karrieren som svømmer på topplan hos Svømmeklubben Neptun, Randers.

Det, at M. har været elite svømmer (en overgang også danser og gymnast på højt plan) tilbage i 70èrne, kan angiveligt være grunden til, at hun har pådraget sig en hjerneskade.

M. er en kvinde på 49 år, der siden den tidlige ungdom har været særdeles aktiv, både når det handler om sport/fritidsliv, uddannelse og arbejdsliv – som bl.a. iværksætter og selvstændig.

Lige frem til hun i efteråret 2010 får diskusprolapser i nakken og spinal stenose.

En stationær fysisk lidelse uden yderligere behandlingsmulighed, der i dag bevirker, at M`s funktionsevne er ubetydelig, og ikke er i stand til at varetage nogen form for erhverv.

Her kommer M. som syg borger i klemme i systemet, da hun skal afklares på Jobcenter Randers.

Fysisk sygdom/skader skal transformeres over i psykiske kasser, da normen er, at alle skal udredes i psykiatrien – i form af neuropsykologer.

Så nu har M. en hjerneskade – ikke diskusprolapser – men en psykisk diagnose. Begrundelser herfor er, at hun i sin ungdom var eliteidrætsudøver.

"Kan I som idrætsorganisation godkende, at alle elite sportsudøvere får hjerneskader grundet træning som barn og ung?

Hvordan stiller I jer overfor ovennævnte, og hvordan sikrer I, at jeres nuværende elite idrætsudøvere ikke risikerer at få prædikatet hjerneskader senere i livet!

Vi er i besiddelse af dokumentation – i form a lydfiler og dokumenter – på, at dette er nyeste tendens for at kunne fastholde borgere i kontanthjælpssystemet med tvangsmedicinering og skubbe dem ind under psykiatrien.

Dette sker nu mere end 32 år efter elitesport for et af jeres tidligere medlemmer, der desværre i dag har diskusprolapser og spinal stenose."

Fra myndighederne/Jobcenter Randers lyder det:

"Som elite idrætsudøver har din hjerne taget skade."

"Vi ser frem til at høre jeres kommentar til ovennævnte, og skulle I ønske yderligere oplysninger, står vi gerne til rådighed."

I januar 2014 har M. og advokat begge politianmeldt Jobcenter Randers og sagsbehandlere for:

Dokumentfalsk – fjernelse af afsnit i lægepapir samt påståede samtaler og diagnoser.

Brud på Retssikkerhedsloven – sagens belysning

Brud på Straffeloven – dokumentfalsk og Jobcentrets egen vinding ved at fastholde os på kthj.

Brud på Forvaltningsloven – ikke udleveret sagens akter

Forhalingen og nægtelse af arbejdsprøvning – der ligger dom fra Kbh`s byret aug. 2013.

Term-modellen

Mange kommuner anvender TERM-modellen, da det kan være en stor økonomisk fordel for dem. De kan nemlig spare mange penge ved at anbringe kronisk syge klienter i psykiatrien.

Men mange af de syge får til gengæld ikke den førtidspension, som de måske ellers sagtens kunne være berettigedet til. Til gengæld bliver de fastholdt på kontanthjælp på ubestemt tid.

Term-modellens formål er at konvertere mange eksisterende sygdomme til psykiske lidelser. Dette kan være sygdomme, som er svært dokumenterbare om f.eks. fibromyalgi og piskesmæld.

Smerte mærkes subjektivt i hjernen på alle mennesker, derfor er alle smerter psykiske, siger tilhængere af modellen.

Nogle borgere kan i angst for at miste sygedagpengene være nødsaget til at sige ja til sådan et behandlingstilbud.

Men det farlige er også, at mange fysisk syge ikke bliver udredt for selv livsfarlige sygdomme i tide.

TERM-læger påstår, at alle symptomer er en form for følelsesmæssig kommunikation fra kroppens side af. Derfor kan f.eks. smerter i brystet bliver tolket som psykiske, selvom det måske reelt er en blodprop i hjertet.

Medicinalindustrien tjener mange penge på alle de lægemidler der bliver langet over disken til term-patienter, og mange patienter føler sig lidt som forsøgspersoner.

Se mere om TERM-modellen på: http://www.funktionellidelse.dk

Nødsaget til at hyre privat rådgivning

Randers Kommune afsluttede med dags varsel T. i et kommunalt tilbud CBR. T. føler at det skyldes en klage hun har indgivet, fordi det har været umuligt for både hende, CBR og det firma, T. er i praktik i, at komme i kontakt med T.'s sagsbehandler. Og hun blev afsluttet selv om Jobcenter Randers endnu ikke havde modtaget progressionsrapport fra CBR.

T. har i mange år lidt af psykisk sygdom, som hendes sagsbehandlere betegner som stationær. Men da en kommunal lægekonsulent mener, at hun måske på meget langt sigt vil kunne få det bedre afslutter man hendes sygedagpenge og afviser et tilbud fra praktikstedet om ansættelse af T. i et fleksjob. T. har nu ansat en socialjurist for at få hjælp med sin sag.

At kommunen så brat afslutter T. hos CBR dagen efter sagsbehandleren modtager en klage over sig selv, det stinker! Det stinker af hævn og er i modstrid med Forvaltningsloven, men umuligt at bevise. At kommunen endvidere afviser et tilbud om fleksjob til en sygdomsramt, der på grund af sin specielle sygdom har haft meget svært ved at passe ind på arbejdsmarkedet, er absurd. Her var for en gangs skyld en hurtig løsning på, hvordan en sygdomsramt igen kommer tilbage på arbejdsmarkedet.

At det skal være nødvendigt for sygdomsramte at få privat rådgivning er en uhyggelig understregning af, hvor forkert hele systemet for sygdomsramte fungerer i disse tider.

Kilde: Aktion syg i Danmark. aktionsygdk@gmail.com

Aktion syg i Randers

Vi er nogle borgere i Randers og omegn, som har nået grænsen for, hvad vi vil acceptere.

Randers jobcenters forvaltning af den gældende lovgivning for sygemeldte og kontanthjælpsmodtagere er umenneskelig og gør blot allerede syge borgere endnu mere syge, og afskærer deres mulighed for at have en nogenlunde tålelig tilværelse på trods af deres sygdom eller sygdomme.

Vi vil demonstrere mod den nuværende forvaltning og sagsbehandling!

Demonstrationen finder sted på Jobcenter Randers (Regimentvej) på mandag d. 18/11 kl. 10-12, vi mødes ved tank-anlægget ved Føtex på modsatte side af gaden og går her i samlet trop over til gården ved jobcenteret.

Een af ideerne er, at vi vil have gennemført et lovforslag, som er fra Fredericia, der lyder som følger:

Sygdomsramte i Danmark ønsker at lovgivningen ændres til:

1. At kommunerne pålægges tidsgrænser for afklaringsforløb for syge.

2. At afklaringsforløb tilrettelægges i samarbejde og dialog med den syge og på en måde, så sygdommen ikke forværres eller andre sygdomme opstår.

3. At borgeren automatisk får tilkendt midlertidig førtidspension i mi-

nimum 2 år, hvis afklaringsforløb ikke holdes inden for tidsgrænsen.

4. Varighedsbegrænsning på sygedagpenge samt den gensidige forsørgelsespligt afskaffes, så den syge ikke kommer til at stå uden egen indtægt.

5. At konklusioner i lægeerklæringer og arbejdsprøvninger respekteres, og det indskærpes over for sagsbehandlere og lægekonsulenter, at de ikke skal hverken diagnosticere eller behandle syge borgere.

6. At syge med varigt og markant nedsat funktionsevne får tilbud om førtidspension og ikke tvinges i en flexordning, der forværrer sygdommen og ødelægger den syges mulighed for at have et privatliv.

7. At der indføres sanktioner mod kommunerne i form af dagbøder og automatisk erstatning til borgeren for at bryde tidsgrænser, love og regler.

8. At anker over afgørelser behandles uden for kommunen og inden for en fastsat og overskuelig tidsfrist.

Vil vi virkelig finde os i at bo en den kommune i Danmark hvor der er suverænt flest klagesager over afgørelser inden for sygedagpengeområdet, og hvor borgerne får medhold i over 75 % af tilfældene - Fandeme NEJ!

Støt nu op og få flere op af stolene og ud og demonstrere!

Efterskrift

Det er et alvorligt problem for mange på overførselsindkomster, at de føler sig nedværdiget, stigmatiseret og usynliggjort i mødet med kommunen/jobcentret. De oplever ikke, at de har rettigheder, der helst gerne skulle beskytte dem mod overgreb.

Når personer eller systemer begår overgreb på borgerne, så afpersonaliserer de dem. Dvs. de tingsliggører dem. Borgerne bliver nu behandlet som ting, der ikke har anden værdi end den, de bliver tillagt. (Når der her skrives systemer, så menes der kommunen/jobcentret.)

Borgeren bliver i kommunens regnskab som en brik, der kan rykkes rundt på alt efter, hvor det er mest rentabelt at placere den.

Men hvis et system, behandler borgernes sager ud fra nogle overordnende regler og paragraffer pålagt højere sted fra, f.eks. staten/regeringen, så handler et system totalitært og ikke særlig empatisk.

Her er hensigten at tilpasse borgeren til kommunens regler og metoder. Der sker hermed et overgreb på borgeren, og vedkommende er helt naturligt ikke i stand til at forsvare sig.

Jo, mere systemet/kommunen kontrollerer borgerne jo mindre bliver borgernes engagement. Og hvis tilliden til systemet bliver svækket, så mindskes borgernes lyst til at gøre noget selvstændigt.

For kan det overhovedet betale sig at gøre sig umage? Kan det betale sig at gøre en indsats? Kan det betale sig at investere og bidrage til systemets beståen, hvis regler og aftaler alligevel ikke bliver over-

holdt?

Jeg er bevidst om, at der findes mange positive historier fra Randers Kommune og Jobcenter Randers. Men min mission har bare været, at fortælle alle de historier, hvor borgere i kommunen er blevet klemt.

Det har været vigtigt at få historierne ud over kanten, fordi mange udenforstående har givet udtryk for, at de ikke tror på, at systemet/kommunen behandler sine borgere så uempatisk.

Alle historierne er selvfølgelig autentiske, og der er indhentet tilladelse til offentliggørelse af de personlige historier.

Hvor der ikke er kildeangivelse er historierne indhentet ved personlig samtale, mails og Facebook. De dokumenter, der henvises til, findes i fysisk form.

Sprogligt er historierne ændret så lidt som muligt for at give et troværdigt og personligt præg.

Personnavne er ændret men ikke stednavne.

Et evt. overskud fra salg af bogen vil gå til

Landsforeningen Lediges Vilkår. www.ledigesvilkår.dk

Helle Nielsen

Formand for Landsforeningen Lediges Vilkår

LLV har eksisteret siden nov. 2011. Vi er en bestyrelsen på fire, og vi har ca. 22 aktive medlemmer.

VI ARBEJDER FOR

Landsforeningen Lediges Vilkår arbejder for løsninger, der inkluderer borgerne og understøtter mulighederne for, at enhver kan opnå en meningsfuld hverdag og ligeværdig deltagelse i samfundslivet.

Vi arbejder for at samle ledige og alle andre gode kræfter i en landsdækkende organisation, der er talerør for alle, der befinder sig udenfor arbejdsmarkedet og mangler adgang til udviklingsmuligheder og meningsfuld deltagelse i samfundslivet.

Landsforeningen Lediges Vilkår er uafhængig af partipolitik og samarbejder med alle, der medvirker til at forbedre lediges vilkår og fremme et ligeværdigt og inkluderende arbejdsmarked.

1. Arbejdsmarkedet skal inkludere alle på ligeværdige vilkår
Alle borgere har ret til en funktion i samfundet, hvor de kan bruge og udvikle sig selv, deltage i samfundslivet og få ordinær løn for deres arbejde.

2. Løntilskud, tvangsarbejde og misbrug af ufaglært arbejdskraft skal stoppes
Ordinært ansatte skal ikke erstattes af billig arbejdskraft med løntilskud ∎

Intet arbejde skal udføres som aktivering på overførselsindkomst ■ Uddannede medarbejdere skal ikke erstattes af ufaglært arbejdskraft ■ Overførselsindkomster skal i et arbejdsforhold udbetales som løn på deltid på ordinære vilkår.

3. Dagpengeperiodens længde skal være konjunkturbestemt, og genoptjeningsperioden skal forkortes til ½ år

Dagpengeperioden skal være længere i tider med høj ledighed - og omvendt i tider med mangel på arbejdskraft. Genoptjeningsperioden skal være ½ år.

4. Initiativ og tilknytning til arbejdsmarkedet skal fremmes, ikke modarbejdes

Tidsbegrænsning på enhver form for arbejde med supplerende dagpenge/overførselsindkomst skal erstattes af et indtægtsloft ■ Enhver skal kunne etablere selvstændig virksomhed, både med supplerende dagpenge og supplerende kontanthjælp ■ Selvstændig virksomhed skal kunne udføres i dagtimerne, og fakturerede timer skal optjene dagpengeret.

5. Kontrol af rådighed skal afskaffes

Lediges rådighed indebærer, at de er forpligtet til at påtage sig anvist, ordinært arbejde for at kunne modtage dagpenge eller kontanthjælp. Kontrol af rådighed er dermed overflødig.

6. Jobcentrene skal opkvalificeres til kompetent rådgivning og bredt samarbejde

Jobcentrene skal opkvalificeres til individuel sagsbehandling med fokus på reelle muligheder, vejledning og netværk, der kan fremme ansættelse eller jobskabelse.

7. Kvalitet frem for kvantitet

Relevante kompetencer er vigtigere end mængden af til rådighed stående arbejdskraft ■ Uddannelse og arbejdsmarked skal løbende tilpasses hinanden ■ Ledige borgeres kompetencer skal omsættes til meningsfuld beskæftigelse.

8. Særordninger skal begrænses til fordel for ordinær jobskabelse

Særordninger for bestemte samfundsgrupper og aldersklasser udhuler det ordinære arbejdsmarked, er dyre at administrere og skaber ikke flere arbejdspladser.

9. Der skal skabes flere ordinært lønnede jobs
Der skal skabes jobs gennem ordinære deltidsstillinger for løn svarende til overførselsindkomsten, gennem innovation og gennem de nødvendige investeringer i fremtidens bæredygtige samfund.
10.Milliarderne til uvirksomme ordninger skal investeres i uddannelse og jobskabelse Kassetænkning og kortsigtede strategier skal erstattes af bæredygtige og langsigtede løsninger med fokus på kvalificeret arbejdskraft og jobskabelse og alles adgang til ligeværdig deltagelse i samfundets opgaver og fremtidige udvikling. Kilde: www.ledigesvilkaar.dk